JN438369

꽃잎 편지

•

김 화 자 시집

•

오늘의문학사

국립중앙도서관 출판시도서목록(CIP)

꽃잎 편지 : 김화자 시집 / 지은이: 김화자. -- 대전 : 오늘의문학사, 2015
p. ; cm. -- (문학사랑시인선 ; 36)

ISBN 978-89-5669-661-4 03810 : ₩12000

한국 현대시[韓國現代詩]

811.7-KDC5
895.715-DDC21 CIP2015001311

■ 서문

최 원 규 (시인, 충남대학교 명예교수)

김화자 시인은 시를 위하여 순교할 수 있는 시혼의 소유자다. 어떠한 어려움이 있어도 시를 쓰고 시를 발표하는 일에는 열정을 쏟아 붓는다.

꽃다운 젊은 시절에는 꽤 이름 있는 합창단원이 되어 노래도 잘 했고, 미인선발 대회에 출전하여 입상하기도 한 경험을 바탕으로 사회적인 여러 분야에서 정열과 도전의 삶을 영위했다. 그러나 중년에 이르러 뜻하지 않은 질환으로 좌절의 고배를 겪게 된다. 그렇다고 그의 삶에 예술적 재능은 정지될 수 없었다. 마침내 문학, 시 예술에 뜻을 두어 나와 학연을 맺게 되었다.

더욱이 그를 에워싼 가정은 다복했고 부군의 헌신적 외조는 놀라웠다. 뿐만 아니라 두 자제들은 명문대학 교수로 선임되었고 이공학계의 두드러진 연구 업적을 이루어 내고 있다는 소식을 들었다. 이러한 가정의 경사가 바로 김화자 시인의 건강을 회복해 주는 원동력이 되었다. 또한 시를 이해하는 폭이 풍부해지며 시 공부의 튼튼한 자리를 잡게 되었다.

김 시인은 시를 가까이 함으로 건강이 회복되었다는 놀라운 체험을 말한다. 학교에 등교한다는 것이 얼마나 큰 활력소가 되는지에 대하여도 간증하고 있다. 김 시인은 시가 이렇게 삶을 윤기 있게 또한 아름답게 하여 주는지 이제는 알 것 같다고 말한다.

김 시인은 시가 주는 즐거움은 무엇과도 비길 데가 없다고 하면서 여생을 시와 동반할 것을 다짐한다. 또한 시 공부를 하기 위해서 평생 연찬탐구하고, 좋은 시 작품의 창작을 하기 위한 다짐을 되풀이했다.

시에 대한 매력은 좋은 시를 감상함에서 생겨나고 스스로 얻은 감정의 자연적 발로에서 창작의 동기가 이루어진다. 그러므로 자신이 참되게 표현한 삶의 성찰이 곧 시가 된다고 믿는다. 요컨대 짤막한 언어로 쓰여진 느낌을 토로하는 스스로의 감정 분출이 곧 시라고 믿고 있다.

나와 같이 문예창작 교실에서 시 공부를 시작한 지 적지 않은 세월이 지났다. 시 창작의 깨달음은 곧 자신의 시를 통하여 가장 행복한 마음의 순간을 얻게 된다. 그리하여 스스로를 돌아보는데 민감한 기쁨의 반응을 얻은 것이다.

시가 삼백이면 한마디로 생각에 사(邪) 됨이 없다고 하였다. 이 말은 곧 가르치고 즐거움을 갖는다는 말과 상통했다. 김 시인의 많은 작품이 쌓였다.

김 시인의 시는 삶의 과정에서 드러난 이미지를 하나의 체험을 형성한다.

나는 허수아비다
벼락 천둥을 이기고
캄캄한 밤도 지냈다

세차게 몰아치는 비바람에도
반갑게 흔들리며
눈을 치뜨고 살았다

—「허수아비」 전문

김 시인의 작품 가운데 두 연으로 된 여섯 줄의 시다. 순수 무구한 자기성찰의 내면세계의 관조를 보여준다. 어느 누군들 허수아비가 아닌 사람이 있으랴. 마침 시는 기본적으로 삶의 비평이요 사람답게 사는 진실한 자기보기의 척도가 아닐까.

김화자 시인이 첫 시집을 상재한다니 기쁘고 축하한다. 바라건대 시를 쓰기 위해서는 어떠한 의미를 반드시 찾아내야 할 필요는 없다. 마침내 그 내용이 모호하더라도 신비한 통합과 열정이 수반한다면 좋은 시인이 될 것이다.

김 시인은 삶의 건강성을 시에서 찾고, 시와 더불어 치유되는 기쁨을 터득하였다. 더욱 건강하여 계속 정진하기 바란다.

2014. 겨울 금정재에서…

1부 그림 한 장

2부 아기 나무가 어느 사이

3부 문주란 꽃을 보며

4부 산바람 등에 지고

5부 대전에서 산다

1부

그림 한 장

그림 한 장

길화자 / 시인

세월의 끈을 잘라
내동댕이치고 싶은
어눌한 삶을
뒤돌아본다.

아직도
멋진 그림 한 장
그려내지 못 하였지만

그래도
채우고 싶은
촛불 같은 사랑 하나.

소쩍새

노을이 지면
멍하니 바라보던 산자락이
내 나이 열일곱 살로
불러낸다.

그 얼굴이 그려진다.
어깨가 들썩인다.
눈물이 흐른다.
가슴을 움켜잡는다.

온몸을 던져
울어대는 소쩍새
내 울음을 대신 울어 방울방울
산자락을 채운다.

구멍

비오는 날에는
작은 구멍이 난
신발에
빗물이 들어온다.

그대 향한 외로움이
젖어 들어
상처를 씻으며
우리 함께 살자 한다.

빗소리 간지럽거든
소녀여,
내 마음처럼 반기렴.

원두막

화상을 입을 만큼
태양이 뜨겁다.
토란 잎 하나로 가린 채
시냇가 원두막으로 나선다.

등을 밟고 가는 소녀가
얄미웠는지
물 속 돌멩이가 삐쳤는가,
미끈
넘어져 다쳤다.

허우적이다가 일어나
원두막에 올라
바라본 하늘은
언제 비가 왔었느냐며
맑게 웃는다.

원두막 아래에서는
참외와 수박이 익어 가는데.

신발을 보며 인연을 생각한다

이것도 인연인 거라.
몇 배나 될까,
그 몸의 무게를 지탱하며
거침없이 내달아야 하는 우리의
인연이 새삼스럽다.

말하지도 않고
화낼 줄도 모르고
욕할 줄도 모르며
낡아서 버려져도
눈물 한 번 흘리지 못하는

우리 인연은
한쪽 눈을 뜨고
한쪽 눈을 감아야 하는가.
냉정함 속에서도
가슴을 열면 아니 되는가.

오랜만에

비가 내리는 날, 정말 오랜만에 동생과 나는 부산행 열차를 탔다. 철없던 시절의 이야기보따리를 풀어놓으며 우리는 행복했다. 마주보며 웃는 동생의 하얀 이가 가지런하다. 고등학교 시절부터 운동화를 꺾어 신고 다니던 동생, 찐빵 집에서 배부르게 먹어야 일어나던 동생, 함께 열차를 타고 고향을 간다. 휙휙 지나치는 차창의 나무처럼 싱싱한 이야기가 스쳤다. 비 내리는 부산역의 밤하늘이지만, 우리 자매 마음에는 뭇별들이 반짝였다. 총총 빛났다.

오장환 시인 생가에서

초록이 숨 쉬는 향기 맡으며
그대 모습 품어 안고
툇마루에 앉아 숨을 고른다.

스쳐가는 꿈을 깨워
고향 앞에서
나의 노래를 읊는다.

눈 마주하는 꽃잎의 미소
향기를 마중 나온 그대
무슨 꿈에 잠겨 웃으시는가.

연두빛 초록 5월이
시심을 엮어
밀려오는 향기에 파도를 탄다.

억새의 울음

김하라 / 시인

날카로운 잎은
자기를 보호하는 방패다.

약자는 무서운
칼날을 늘 지니고 다닌다.

강력한 허세에
아픔이 서려 눈물이 겹다.

바람에 흐느끼는
그 울음소리가 참 슬프다.

노란 리본

긴 편지 전할 길 없어
꼬리만 남긴 채
시간만 흘러
몸부림을 치게 한다.

애간장 타는 가슴에
바람 한 점 일지 않고
기약 없이
떠난 꽃들이여!

빈 끈에 매달린
저기 저 아픈 가슴에,
못다 한 말 너무 많은데
파고드는 눈물은
마를 길이 없는데

꿈길을 찾아,
그대가 마음껏 드나들게
활짝 문을 열어 놓는 기다림.

하늘도 울고 땅도 울고

하늘도 울고 땅도 울고
온 국민도 울었다.

아까워라!
어찌하랴!
다 피우지 못한 꽃들이여!

손 모아 기도하노니
어서 내민 손잡고 오라.
부르는 소리 하늘 끝에 닿으면
두 눈 크게 뜨고
사랑하는 나의 가슴에 안기어라.

그대들은 얼마나 무섭겠는가!
어둠이 그대들을 붙잡고
차가운 물이 그대들을 몰아치면
얼마나 무서웠으랴!

기적이여 어서 일어나라!

두 팔 벌려
그대들을 안으리니,
참회하는 마음으로 그대들을
얼싸 안고 눈물을 나누어야겠다.

어찌하랴!
다 피우지 못하고 산화한 꽃들이
아까워서 어찌하랴!

하늘도 울고 땅도 울고
온 국민도 같이 울었다.

머리에 흰눈이

숯같이 검은 땅에
흰 눈이 내린다.

세상 밖으로
나들이를 나왔는가?
소풍을 왔는가?
검은 들판 헤치고
송곳니같이 솟은
은빛 풍경에 놀란 마음
어찌하여
소리 없이 왔는가?
손으로 하나 둘
뽑혀 나는가?

힘 있게 내민 날들을
앞질러 가지 마라.
이것은 반칙이라고
가는 세월에
투정을 해 보는가?

나뭇가지 그림자

가지 사이로
떠가는 구름
어디로 가고 있나.

고운 잎 하나
손 흔들며
구름을 부러워하네.

그대는
계절을 등에 지고
바삐 어딜 가는가?

먼 여행

서러운 노을에 폭풍도 운다.
목 놓아 부르는 소리
땅 끝을 비켜가고
어둠 속에 길을 잃어 돌아본다.

어느 새
여행은 시작되어
서러움 갈기갈기 찢어내는 날
돌아온다는 약속도 없는 여정에
제 살을 물어뜯는다.

고통의 숨결이
갈대 잎사귀를 흔들며
날카로운 칼날로 베어내는 아픔,

여행이 끝나는 그 날까지
어떻게
이 고통을 벗어나야 할까.
서러운 노을에 폭풍도 운다.

삶을 돌아보며

삶이 쌓인 흔적은
얼굴에 새겨진다.

주름진 손으로
오늘의 문을 연다.

아침이슬처럼
행복을 꿈꾸지만,

나이처럼 뽀송한
나는 할미꽃이다.

콩깍지

콩깍지를 벗어라.
나도 너도
콩깍지를 벗어라.
너도 나도
속살을 내놓아라.
나도 너도
부끄럼을 알아라.

열병

새싹에도
밤새 거미줄을 쳤다.
어린 것이
기지개도 켜지 못한 채
안절부절 못한다.
잠을 자는지
꿈을 꾸는지
깨어 있는지
몽롱한 정신
가시 회초리가
몸을 친다.
그래서일까,
눈물 빛으로 호소한다.
지금은
불꽃놀이에
몸살을 앓는 중이다.
아, 아프다.

투정

외롭다
말하지 말자.

우리 모두
살아가는 것을
말함이다.

웃고
정붙여 살면
재미도 있다.

그립다
이렇게 말하자.

하루

오늘도
당신을 만날 수 있어
행복합니다.

사랑하는 사람
만날 수 있어
고맙습니다.

좋은 사람 만나
웃고
바라볼 수 있는
오늘 하루가
소중합니다.

행복할 수 있는 오늘이
참 좋은 날입니다.

고목을 보며

얼마나 기다린 세월이었나요?
깊이 파인 주름 사이에서
수많은 세월의 갈피가

그리운 사람이라면
백 년인들 못 기다릴까요?
천 년인들 못 기다릴까요?
망부석인들 어떠할까요.
파노라마처럼 흐릅니다.

가슴을 아리아리 울리는
대금 가락으로 어서 오세요.

서리맞이

폭풍이 일고 있다.
황급히 떠나야 한다.
떠나는 아픔을
씻어내며
미친 듯 달려가야 한다.

뒹굴어도 떼어낼 수 없는
저기 저 분노가
심장을 파고 든다.
주술처럼
염증을 일으킨다.

아침은 늘 그 자리에서
태양을 맞을 터이고
태양은
늘 그러하듯이
아침을 맞을 것이다.

2부

아기 나무가 어느 사이

고향집

마을 앞 정자나무
옷을 갈아입었다.

쌀쌀한 바람에
옷깃을 여미며

들국화 향기에
취해 걸었다.

이 길은 부모님 손잡고
걸어가던 길

이 흙냄새,
마음껏 들이마신다.

모두 떠난 마을이지만
바람이 반갑다.

그날의 액자 1

하늘거리는 황금빛 물결
둑길 위 콩서리하던 불빛.

가을이 익어가는
구수한 연기가
내 주위를 골똘히 맴돈다.

여인의 머리채처럼
흘러내리는 물결에
맞닿은 한 폭의 그림,

두 손 모아 살며시
내 마음에 액자를 만든다.

돌아가는 등 뒤로
붉게 타는 황홀한 노을.

그날의 액자 2

나지막한 동산을 끼고
울타리가 쳐져 있다.

앞마당에는 장미가
울타리에 앉아 웃는다.

대문 옆 포도 덩굴 아래
큰 눈을 굴리는 양 두 마리

우물가 수선화처럼
맑은 눈망울을 굴리더니

감꽃 목걸이 만들던
눈물겹던 그 추억 속에서

저 만큼 어미닭이
병아리를 품고 잠든다.

겨울 손님

뒷산에는 바람이 산다.
부엉이 울음과 함께
오케스트라를 연출한다.

긴긴 밤, 메밀묵으로
출출한 시장기를 지울 때,
아랫목에서 잠들던 아이가
두 눈을 동그랗게 뜨던 겨울

덜컹대는 거센 바람이
올 사람도 없는 집을 찾아다니며
문을 흔들어댄다.

그때 그 아이가 이제
세월 따라 황혼을 맞고 있다.
기대와 공포로
바람을 만나기도 하고
손님을 맞이하기도 한다.

밥 한 톨

그는 내게 밥 한 톨로
허기를 잊게 하였다.

검은 콩 섞인 고봉 밥그릇이
오랫동안 눈앞에 어른거렸다.

울음이 넘치는 세상에서
홀로 미소 짓게 하였다.

아기 나무가 어느 사이

아버지 벼 베시던 날
메뚜기 잡으며
뛰어 놀았다.

들녘은 그때도
황금빛으로
저렇게 물들었었는데

늙은 밤나무
한 그루만 둥그렇게
저만큼 서있다.

조그마하던 아기나무가
이제 나처럼
주름이 깊다.

팔 벌려 안아본다.
두 가슴에
반가운 맥박이 뛴다.

아버지 1

농사 경험이 없는 아버지는
괭이질이 서투르셨다.
호미질도 서투르셨다.
씨앗 한 알을 어루만지며
사랑을 나누는
초보 농사꾼이셨다.

아침저녁이 다르게 크는
푸른 잎에
눈을 떼지 못하는 아버지,
오이 고추 호박 토란 완두콩
싱싱하게 가꾸며
서툴러도 행복하시던 아버지.

시장에 내다 팔 것 없어도
시장을 돌아보시며
공연히 헛헛헛
웃음소리가 빛나셨다.

아버지 2

아버지 진지 상에는
굴비 한 마리가 앉아 있다.

바라보는 우리들의 목젖이
오르락내리락 하다가
바르르 떨린다.

입가에 흐르는
군침을
아시는지 모르시는지
아버지는 맛있게 드셨다.

처마 아래 매달은
굴비 두름,
눈으로만
밥 한 그릇을 후딱 비웠다.

어이할꼬

무수한 생각들이 허공을 맴돈다
음흉한 망령들은 뿔 달린 도깨비 되어
여기저기 등골 오싹하게 만든다

의심들이 꼬리를 친다
가녀린 이들을 유혹하는 마귀할멈은
닥치는 대로 갈기갈기 찢어 긁는다

원망과 악평의 서슬 퍼런 칼날
상하고 찢겨 울부짖는데
공들여 가꾼 밭 하룻밤 새 허물어진다

거짓에 속은 내 형제 자매는
아비의 손길 뿌리친 채
멀리 멀리 가버렸다

기다림의 눈물 업고
슬픔의 강을 또 건너야 했다.

어머니 1

밤꽃이 피면
어머니를 생각하면서
둑길을 걷는다.

옛날 그 추억을
실타래처럼 풀어내며
그리움을 만난다.

세월 거슬러
집배원도 모르는 주소가
어디쯤일까 가늠한다.

어머니 2

붉게 익은 고추를 따서
머리에 이고
동네 어귀 들어서시는
어머니.

고추와 석양이 어우러져
맑고 고운 빛이
아름답다.
어머니 가슴이다.

서산에 걸린 햇빛이
어머니 눈썹에 매달려서
아름답다.
고운 얼굴이다.

울 엄마는 파랑새인가 봐요

울 엄마는 파랑새인가 봐요
엄마는 날마다 파랑색 옷만 입어요
그러니까 울 엄마는 파랑새이지요

울 엄마는 울보파랑새인가 봐요
나를 안고 있을 때도 울고요
가끔 찾아오시는 아빠를 만날 때도 울어요

이담에 커서 엄마에게 물어볼 거예요
엄마는 왜 파랑색 옷만 입었느냐고
우리 집은 이모가 많은 부잣집이었느냐고
왜 엄마는 나를 안고 그렇게 울었느냐고.

첫 만남

엑스포 축제로
대전 전역이 흥분되었고
나 역시 마음이 설레였다

생각지 못한 날
내 앞에 나타난 무지개 빛
방긋 웃는다

해맑은 미소와 광채로 다가온 소녀

눈도장을 꼭 찍는다
오래 지워지지 않을 그날의 눈부심을
나에게 심어 놓은
소중한 그 빛

* 맏며느리와의 첫 만남

아름다운 노크

바람결에 찾아와
내 마음에 노크를 하였지.

복잡한 생각을
여과하는 동안
티 없는 너의 신선함이
내 가슴에 차고 넘쳤지.

아름다운 미소로
민감한 내 마음을 녹였지.

이제 서로 의지하며
영원히 마르지 않는
사랑을 나누며 행복하자.

* 둘째 며느리와의 만남

자주 감자

무쇠 솥
누룽지 긁고
몽당 난 놋쇠 숟가락

자주 감자
껍질을 벗고
불길에 들어간다.

노릇노릇
물기 자작 가시고
아궁이
불씨만 남아 있다.

"감자 하나라도
따끈할 때 먹어라."

어머니,
인자하신 그 말씀
오늘도 귀에 맴돈다.

우물가에서

뜰 안 우물에서
두레박으로 물을 깃는다.
사랑을 퍼 올린다.

우물가 저만치에서
난초가 다소곳하다.
어머니가 조용히 웃는다.

이슬을 밟고
일상처럼 다녀가시는 어머니
별을 세는 것처럼
아쉬움을 남기신다.

보랏빛 난蘭이
꽃잎을 떨구기 전에
달을 친구 삼아
어머니, 다시 찾아오세요.

부부

손을 잡고 걷는다.
저만큼 떨어져 걸어도
어느새 마음은
하나로 이어진다.

가끔은 생살을 찢는
아픔을 나누기도 하지만
다시금 돌아와
손을 잡고 걷는다.

동행

바람을 안고 가는
그대 그림자가 어른거린다.

바람을 따라 가는지
멈추는 듯
가는 듯
바람을 따라 가는지

깊은 듯 얕은 인연이지만,
정을 섞고
느긋하게 산다.

시샘하는 바람이
자꾸만 흔들어 대어도
어차피 우리는 동행이다.

버팀목

눈을 감거나 뜨거나
때로는 즐겁고
때로는 슬퍼도
언제나
옆에 있는 그림자

미워하거나 다투어도
삶의 의미를 깨우는 그림자
행여
그림자를 볼 수 없는
밤이 될까
두렵기도 하지만

그래도 우리는
먼 듯
가까운 듯
서로가 버팀목이다.

그냥 안아 주세요

허접하여 술 생각 꼬리 물 땐
인정이 고파서랍니다
목이 터져라 괴성 질러댈 땐
숨 막혀 죽을 것 같아서랍니다

그냥 안아 주세요

성난 사자처럼 짜증이 치밀 땐
아무도 내 편 없음이 두려워서랍니다
포악한 욕설로 게거품 북적일 땐
쌓인 한을 토해내는 발작이랍니다

그냥 안아 주세요

허깨비 좇아 미친 듯 달아날 땐
초라한 자신이 미워서랍니다
방탕한 몸 휘청이며 돌아올 땐
그대 품이 그리워서랍니다

그냥 안아 주세요

그렇게 애지중지한 그림이었는데

새하얀 도화지에 애지중지 그림을 그렸다
파란 하늘 중간 중간에 뭉게구름 피어오르고
울창한 나무숲의 참새들 정겹게 지저귀고
푸르른 초원 위 아담한 집에선 사랑노래 흐르는

그것은
약속의 축복의 생명의 꽃
파렛트에 형형색색 물감
붓을 들어 칠하려는데

검붉은 의심의 색깔이
성난 독사의 눈초리 되어
착한 도화지 위를 마구 번져간다
어쩌나, 이러지도 저러지도 못하고
망연자실한 나
내 온 생각의 청사진이었는데
내 온 노력의 작품이었는데
그렇게 애지중지한 그림이었는데.

빚

볼 수도 잡을 수도 없는데
무게를 잴 수 있단 말인가.

주고 주어도 남아
사라지지 않는 짜투리를
가두어 두고
조금씩 꺼내어
어제도 오늘도 내일도
주어도
그대로 다시 남는데,

이 세상 굴레 벗는 날까지
셈할 줄 모르는 바보이고 싶다.

엄마

새엄마라고 부를 수 있어
우리는 행복하였다.
방학이면 집에 갔다.
엄마가 없어 허전할 때가 많았다.
양 몇 마리가 친구가 되었다.
토끼 몇 마리도 친구가 되었다.
때로는 1년이고 2년이고
행선지도 밝히지 않고 훌쩍 떠나던
아버지를 먼저 보내고
홀로 계실 때도 새엄마가 있어 좋았다.
엄마라고 부를 수 있는
여인이 기다려 주어 좋았다.
인자하고 단아한 그 모습
아직도 허공에 달처럼 떠 있다.

3부

문주란 꽃을 보며

갈꽃

아기 솜털같이 흔들린다.
매끄러운 촉감
어느 여인의 머릿결일까,
그 몸결일까,
찾아 더듬는 손 아래
가냘픈 꽃으로 흔들린다.

기다림

까맣게 밤을 새우며
눈동자를 밝힌다.

조였던 가슴에서
여울지는 소리 들린다.

미소를 지어 보아도
보아주는 이 없고

빈자리가 아쉬워
풀벌레를 불러와도

불빛 아래 내 눈썹이
바르르 떨린다.

그대들

천국은 어디에 있소?
지옥은 어디에 있소?

가 본 이가 없으니
손드는 사람이 없다.

꽃잎 편지

파도가 쓸고 간 바닷가
햇빛도 알알이 부서진다.

시간은 어느새 멀리 가 있고
못 다한 이야기들이
모래에 구멍을 뚫은 작은 게처럼
보글보글 기어 나온다.

서로의 가슴에 뿌려놓았던
아름다운 이야기들,
꽃잎에 쓴 편지처럼
바다가 노[illegible] 속으로 날아간다.

[illegible]
다시 쓸려 가면
우리의 사연 또한 흔적이 없다.

봄의 여행

소담한 꽃잎
힘겨운
여행길

여장을 풀며
깊은
호흡

먼 길 떠나는
그대
봄나비.

낙엽 그네

너와 함께 그네를 탄다.
허전한 마음 담아
낙엽에 실어 너를 보낸다.
소리 없이 바래는
계절의 아픈 빛깔들,
바스락거리는 비명에
나는 잠이 깨어 서성인다.
미련 없이 떠나는 사이,
나는 다시 그네를 탄다.

목적

김태자 / 시인

무거운 몸으로
봄을 향해 걷는다.

작은 무게로
밟고 선 산

눈에 보이는 세상을
가져보라 한다.

문주란 꽃을 보며

아픔과 쓰림을 비우고
오랜 침묵으로 뒤척이다
눈곱 털고 일어나
23년의 우정을 꽃대로 세웠다.

고인 물이었을까,
속눈썹 아래 반가움이 흐르고
은밀하게 다가온 사랑일까,
긴 터널의 고통에서
피어난 한 송이.

꽃잎에 행복이 서린다.
그대 또한
나와 나누는
도란도란 옛 이야기
함박웃음에 꿈마저 곱다.

26년을 함께한
오랜 친구였다, 그대는.

민들레

어둠이 멀리 가면
민들레야
예쁜 네가 반갑다.

바람 부나 비가 오나
민들레야
너를 볼 수 있어 기쁘다.

못 견디게 그리운 날은
민들레야
탈탈 털고 나선다.

발동기 리듬

경쾌한 리듬과 음악이
심장의 발동기를 돌린다.

리듬을 탄다.
탱탱한 몸에서
진주알이 떨어진다.
탄력을 받아
힘차게 도는 발동기.

가볍고 날렵한 몸매로
눈부신 색이 돌고 있다.

불타는 나비

유혹하는 여름의 바다가 거센 파도를 내뿜는다. 이글대는 바다에 꿈을 펼치고 태양 쏟아지는 정오, 탈의실에는 풍선 같은 그리움이 물에 젖는다. 매끄러운 매무시로 어지럼증을 풀어내며 뜨거운 가슴을 식힌다. 모래사장 낡은 좌판에 휴대용 레코드판 한 장 올려놓고 여름을 부르던 그대, 거품 이는 파도 위에서 젊음의 열기로 나비를 낚는다.

아침을 맞는다 1

어둠이 걷히면
별도 보이지 않는다.

환한 세상을 맞으며
그리움을 꺼낸다.

세상은 마음과 달라
다시 밤을 기다린다.

아침을 맞는다 2

기다림은 행복한 가슴이다.
담 너머 고개 내밀며
어둠 속에서라야
별을 센다.

세상을 향하여 불러도
벽이 막아 들리지 않을까,
마음의 빗장을 풀며
오히려 행복하다

문밖으로
쫑긋 귀를 세우고
입김으로 하얀 박꽃을 피우며
아침을 맞는다.

앵두를 보며

다 삭은 철 대문 두 쪽
밤낮 열려 있어,
사람 하나
겨우 비집고 다닐 틈 사이로
앵두꽃은 아기가 된다.
미풍에 벌떼 잉잉거리며
노랑나비 점박이는
봄의 귀한 손님이다.
출산을 기다리는
저 집 저 대문,
녹슬어 그림자 생긴 틈에도
향기는 바람 타고 나든다.

영산홍

붉은 미소로 대지를 깨우고
고운 입술은 맞닿아 속삭인다.

저토록 아름다운 눈망울에
세상 꿈이 모두 들어 있다.

흥겨운 축제 한 마당
오월은 실바람에 깊어 간다.

장미에게

미움이 불붙어 붉은 꽃이 되었는가.

타다 남은 마음, 까만 꽃이 되었는가.

벼랑에 떨어져 멍 자국이 들었는가.

움츠린 마음의 기지개를 보았는가.

집착에 숨도 멎어 눈이 흐려졌는가.

숨막히는 가슴에 불을 담아 두었는가.

나도 그대가 되어 세상을 밝힌다.

시간을 바라본다

너만 가거라. 나를 의식하지 말고 너만 가거라. 인연을 매어 놓았으니, 나는 그대로 두고 너만 가거라. 계절이 바뀌어도 묶어 놓은 끈이 풀리지 않으리니, 미련을 버리고 너만이라도 가거라. 몸부림쳐 보아도 나를 붙잡는 이 땅, 땅을 지키는 힘이 나를 지키리니, 이제 너만 가거라.

재

그림자마저 타고
밝게 비친 등 아래,
그늘진 마음
빛을 향한 심지,
재도 남지 않는구나.
불길 속에 담은 마음
흔적조차 없구나.

스마트폰

횃불을 들자
은밀히 잉태하던
저 세상이 멈춘다.
세상이
다른 세상으로
사람이
다른 사람으로
우주가
다른 우주로
서로 당기고 끈다.
횃불이 없어도
서로 이웃이다.

채우지 못한 마음

가을 들녘이 아쉬워
길을 나선다.
저며진 마음은
들국화 향기에 녹아들고
홀로 아득히 얼굴을 묻어
조각난 구름 한 점에
목 놓고 울던 먼 꿈처럼
바람 따라 걷는 여인
채우지 못한
향기 속으로 잠긴다.

백합의 미소

나긋한 목소리
선배님 아름다워요.
귀여워요.
맥박이 빨라진다.
아낌없는 찬사
어느 보약이 이만할까
천명
하늘 같은 마음에
녹아들고
백합 향기에
졸음 오는 오후.

거울 속으로

오늘도 그리고 칠한다.
지우고 또 바른다.
변해가는 모습
섹시하고 세련되게
수많은 너희들이
동경하는
아름다움 앞에
열심히 그림을 그린다.
이탈할 수 없는
노예가 되어도
지우고 칠하고 바르고
손에 든
동그란 거울 속으로
나는 들어가 산다.

허수아비

나는 허수아비다.
벼락 천둥을 이기고
캄캄한 밤도 지냈다.

세차게 몰아치는 비바람에도
반갑게 흔들리며
눈을 치뜨고 살았다.

4부

산 바람 등에 지고

강가에 서서

그대 탓인가?
나의 탓인가?
변해가는 그대는 모래성의
자갈처럼 구른다.
물은 흘러 어디로 가고
돌만 남았는가?
강변에 서 있는 사람
갈증만 느끼는데
물길 따라 가버렸으니,
그대 마음도 가버렸으니,
그 누구의 탓인가?

동강에 와서

산그늘 강바람이 노니는
세월의 단층
저 속에 남겨진 흔적들이
알몸을 내놓는다.

풀잎을 간질이며
더위를 몰아오는 바람이
물 위에
자리를 깔고 누워 있다.

하늘을 덮은 어둠 사이
쏟아지는 별을
등에 지고
어린 아이는 첨벙거리는데,
목청 좋은 매미가
함께 노래한다.

그 사이 강바람이
할미꽃 뿌리를 가꾼다.

안흥에서

창문 앞 노송 가지 뻗어내려
베개 삼아 누워보라 한다.

하늘이 어두워지고
천둥 번개 치며
메마른 낙엽 두드리고
빗방울은
붓을 든 화가가 된다.

흐르는 그림 속으로
찾아온 어둠
조용한 시간
저만큼 누구네 개 짖는 소리
인적을 알리며
해 뜨는 아침을 품어 안는다.

염전에서

어스름한 달빛 아래
외딴집 하나

스산한 바람이 불어
나는 작아지고

억새 울음에
두려움이 몰아친다.

성큼 들어서서
문을 닫는다.

문풍지가 파르르 떨며
졸인 가슴을 흔든다.

숨 죽여 지새는 밤
외딴집 하나.

세상을 가져보는 마음

단단한 땅을 헤집고
솟아나는 새싹을 본다.

그들과 함께
봄의 정원을 걷는다.

저렇게 의젓하게
서 있는 산이 부럽다.

나직하게 엎드려
자신을 본다.

눈에 보이는 세상처럼
봄의 함성을 가꾼다.

부산에서 1

부산은 어머니다.
사투리가 구수한 고향이다.
바닷바람을 맞으면
어느새 갈매기가 된다.

부산에서 2

KBS가 우뚝 선 복변산 자락
48 계단을 오르 내리면
소꿉친구 웃음소리가 들린다.
“니 참 이쁘데이!”
까까머리 머스마가 서 있는 듯
가슴이 콩닥거린다.
“니 어데 있는데?”
숲을 보며 한마디 건네지만
아는 체하는 나무가 없다.

부산에서 3

자갈치 시장 바람은
짜디짠 냄새가 난다.

좌판에서 파닥이는 생선들이
옛 친구 같다.

출항의 뱃고동소리가
귓가에서 웅웅 맴돈다.

부산에서 4

해운대 바닷가에서
한 움큼 모래알을 집는다.
부끄러워도
수영복으로 갈아입고
거닐던 추억이 묻어 있다.
아직도 파도는
하얀 물결을 흔드는데
친구들은 모두 떠났다.
바닷가 모래알에서
친구들의 수다소리가 들린다.
그리운 사람들,
따사한 체온이 살아난다.

부산에서 5

어릴 때 살던 동네를 찾아가 보았다.
눈을 씻어 보아도
추억은 어느 곳에도 없었다.
변신한 그 곳에서
이름도 모를 사람들이 모여 살고 있다.

* 어릴 때 살던 집은 연립주택으로 바뀌었다. 6차선 도로 건너에는 고층 빌딩이 빽빽하고.

산바람 등에 지고

가을바람이 산산하다.
낙엽이 곱다.

산바람 등에 지고
고개를 넘는다.

가는 계절 잡고 싶지만
붉게 타는 노을

다 앗아 등에 지고
고향으로 가고 있다.

산길

빈 들판 한켠, 비에 젖은
코스모스
세찬 바람 위로
술 취한 듯 비틀대는
외로움이 스며, 젖는다.
저 속에 숨어 있는
누구의 눈물인 양 스쳐가는
옷깃에 물기만 남아
빗길 헤치는 걸음걸음에
서성이는
너의 모습이 눈에 밟힌다.

속리산에서

달밤에
불어오는 바람
덜컹거리는 문소리에
잠이 깬다.
하늘 총총 수놓은 별,
오지 않는 그대,
떠가는 저 구름,
바람 속의 음성을 찾아
길을 나선다.

물한계곡

계곡에 몸을 담근다.
시원하게
소름이 돋는다.
하늘을 가린
파란 모자 그늘에
송사리떼
몰려와
살 내음을 맡는다.
내 마음도
소리 없이 흐르다가
눈이 감긴다.
더 너른 세상이
계곡 속에 가득하다.

* 물한계곡 : 충북 영동군에 있는 시내.

갑사에서

산그늘이 깊다.
가만히 있어도
도道에 드는 듯싶다.
눈을 감아도
맑은 세상이 보인다.

동학사에서

물소리를 들으며
숲길을 걷는다.
햇빛에 어른거리는
물그림자처럼
세상도 다 그런 것일까?
장삼이 잘 어울리는
비구니에게
“어떻게 오셨어요?”
물으려고 하였더니
계곡 물소리가
그냥 내려가라 한다.

수덕사에서

늦가을 떠났다.
바람을 일으키며
무작정 수덕사로 갔다.

찬바람이
몸을 휘감아 도는데
비구니 한 분을
인연처럼 만났다.

극락은 어디이고
지옥은 어디인가
마음으로 물었다.

고목 가지 사이를
스쳐가는 바람결이
'일체유심조'
속삭이고 있었다.

추풍령에서 1

부산에서 출발하면
삼랑진에서 물을 채우고
다시 추풍령에서
물을 채워 서울로 간다던 기차,
석탄을 태워 달리다가
숨이 찰 때마다
검은 연기를 뿜어내었다.

목이 말라서였을까,
외치는 소리도 힘이 없었다.
칙- 칙- 치이 칙
바람도 쉬어간다는 고개
구름도 쉬어간다는 추풍령에서
잠시 쉬며
나도 숨을 고른다.

눈보라가 몰아치는 레일에
사연을 싣고,
오늘도 변함없이 달리는 레일에

아련한 추억이 쓸쓸한데,
추풍령 간이역의
물탱크가
세월의 무상함을 퍼 올리고 있다.

추풍령에서 2

중학교에 다닐 때까지
고속도로가 없던
성계산 중턱에
집채만큼 크고 시퍼런 도깨비불이
이 산 저 산을 옮겨 다니던
전설 같은 고개였다.
온몸에 소름이 가시처럼 돋는다.
마음의 빗장을 걸어도
가슴은
걷잡을 수 없이 북을 친다.

* 성계산 중턱 : 추풍령 휴게소가 있는 곳.

추풍령에서 3

추풍령은 쉬어 넘는 고개다
어느 가수의 노래가 아니어도
추풍령은 가쁜 숨을 고르며
세상 일 잠시 접는 곳이다.

5부

대전에서 산다

내원사 계곡

초록 산빛이 짙어졌다.
하늘에서
태양의 알갱이가 쏟아진다.

수해樹海를 헤치고
야호를 외치며 오른다.

하늘에 팔 뻗어
솜털 바람을 손으로 잡는다.

맑은 샘에 가라앉았던
둥둥둥 종소리
세상으로 마실*을 나온다.

* 마실 : 이웃으로 놀러가는 일. 마을의 지방 말.

엑스포 야경 1

다리 불빛이 부릅니다.

새롭게 화장을 해도
달라질 세월이 아닌데
부르는 것은 반갑습니다.

그래서 다리를 거닙니다.

엑스포 야경 2

엑스포 다리는
오작교가 됩니다.

오랜만에 만나는 사람들이
참 반갑습니다.

셈하지는 않았지만
칠석을 기다리느라
1년도 넘은 것 같습니다.

어둔 밤
운명이듯 만납니다.

사실, 정답게 인사를 하면
모두 이웃입니다.

대전역에서 1

경부선에 꿈을 싣고 고향을 갑니다.
옛날의 추억을 찾아
부푼 마음으로 부산에 갑니다.

경부선을 타고 고향에 다시 옵니다.
영원히 추억을 담을
정든 둥지 우리 대전입니다.

대전역에서 2

기차가 한 줄로 소풍을 간다.

대전역에서 3

답답한 도시를 잊으려면
대전역에서 기차를 타세요.
KTX
새마을호
무궁화호
상행선이든
하행선이든
눈을 감고 가다가
무념무상無念無想하다가
기차가 서는 역에 내리세요.
햇빛처럼 맑은 하늘을 보세요.
답답한 세상을 잊으려면
대전역에서 기차를 타세요.

대전역에서 4

'대전 발 0시 50분'은 떠나는 노래다.
죽어도 나는 그 기차를 타지 않으리라.

대전역에서 5

나는 가끔
대합실 의자가 정겹다.

서성거리며
도착 시간을 기다릴 때나
잠시 숨을 고를 때
앉아 쉴 수 있는
대합실 의자가 고맙다.

나는 가끔
대전역 대합실 의자처럼
누군가 다가와서
잠시 쉬어갈 수 있는
시를 짓고 싶다.

가슴이 벅차오르지 않더라도,
누군가,
누군가 머물다 가는.

유등천 단상 1

창포물로
생머리를 감던 그대가
바람결에
하늘을 흔든다.
청정심을 흔든다.

어느 날이던가,
세월 넘어
만났던 그대,
다정했던 그 얼굴이
아른아른 흔들린다.

* 유등천 : 대전 시내의 시내. 능수버들(楊柳)이 많아서 〔버드내〕라고도 부름.

유등천 단상 2

풀어헤친 그대의 머리가
내 가슴에 별을 심는다.
다시 만날 날을 기약하던 그대는
아득히 먼 추억 속에서
봄바람으로 나를 찾아 왔는가?

유등천 단상 3

108배를 하면
눈을 뜨시겠습니까?
3천배를 하면
손을 주시겠습니까?
빙긋이 웃으면
바라보시겠습니까?

헤아릴 수도 없이
흔들리며
그대를 기다리는
버들강아지처럼
부푸는 눈망울입니다.

유등천 단상 4

청랑晴朗한 바람으로 오세요.
씻어야 할
업장業障이 있다면
그리고
남루襤褸가 있다면
잠시 맑은 눈빛으로 바라보세요.

유등천 단상 5

유등천을 찾을수록
가슴이 아픕니다.

흐르는 물이
다시 돌아올 수 없어
마음에 상처를 만듭니다.

유등천을 거닐수록
눈물이 고입니다.

그 언젠가는
말없이 떠난 그대처럼
그리움이 될까봐 두렵습니다.

대전에서 1

갓 스물이 넘어
대전에 둥지를 틀었습니다.
좋아하는 사람과
손을 맞잡았습니다.

아이들은 모두
우리의 자랑이었습니다.
내가 준 사랑보다
아름답게 잘 자랐습니다.

아이들이 자라자
나自我를 찾았습니다.
버렸던 세월도 찾아
새로운 의미를 담습니다.

대전에서 2

목요일은 공부하는 날입니다.

충남대에 가서
시 짓는 공부를 합니다.
최원규 선생님의 가르침을 받아
시를 짓는 일이 기쁩니다.

가끔 대전문예대학에 가서
지은 시를 서로 나눕니다.
조남익 선생님의
높은 목청이 반갑습니다.
김영수 선생님의
눈빛이 고맙습니다.
리헌석 선생님의 밝은 설명에
시의 눈이 뜨입니다.

목요일은 감사드리는 날입니다.

대전에서 3

한때, 뒷산 거센 바람과 함께
부엉이울음이
오케스트라를 연출하였습니다.

긴 밤 메밀묵으로
출출한 배를 채우고
온기마저 사라진 방에서
어려운 겨울을 나기도 하였습니다.

덜컹대는 바람이 무서웠습니다.
올 사람이 없다고 믿으면서도
가슴만 설레게 하였습니다.

대전에서 4

달맞이꽃처럼 정겨운 사람도 있지만
그 꽃을 꺾는 사람도 있습니다.

대전은 숲이 우거진 도시이지만,
한 그루, 또 한 그루씩 심으면
녹색 사랑이 넘칠 것입니다.

숲에서 나무를 가꾸는 사람도 있지만
잎과 꽃을 타박하는 사람도 있습니다.

사람마다 생각하는 것이 다르지만,
살기 좋은 대전에서 함께 살면
모두 녹색 물이 들 것입니다.

대전에서 5

목척교가 참 아름답습니다.
대전천의 중심에서
분수가 높이 솟습니다.
맑은 마음처럼
무지개가 영롱하게 섭니다.

어느 시인이 아름다운 다뉴브 강을 노래하듯이, 어느 시인은 템즈강이 살아 흐른다고 노래하듯이, 나는 대전의 맑은 물을 사랑합니다.

대전에는 대전천이 있고
그 시내를 감싸는
아치형 다리가 정겹습니다.
손을 마주 잡는
야경은 더 아름답습니다.

* 목척교는 아득히 오래 전에 나무로 세웠다가, 시멘트 다리로 세웠다가, 다리의 아래쪽과 위쪽을 복개하여 광장으로 사용하다가, 지금은 아치형으로 멋있게 세웠습니다.

대전에서 6

대전시 산성동에는 솔바람이 머뭅니다.

창을 열면 우우 몰려 와서
"뭐할라꼬 대전까지 시집갔노?
부산에는
니 맘에 드는 사내가 그리 없데?"
친구들의 볼멘소리가 들립니다.

문을 열면 솔바람이 맞습니다.
기다리고 있었던 듯
"이제 부산에 와서 살믄 안 되겠노?
그리워서 미치겠데이."
급한 친구들이 옷자락을 잡습니다.

"내도 니들이 눈물 나게 보고 싶어서
내 아들 장가갈 때
떼로 몰려와서 찍어 놓은
니들 사진을 보며 운다, 아이가!"
물빛 그리움을 바람에 띄웁니다.

추억의 반추와 긍정의 시학

—김화자 시인의 시세계

문학평론가 리 헌 석
(사) 문학사랑협의회 이사장

1.

김화자 시인을 처음 만나 인사를 나눌 때, 몸짓을 섞어 하는 말이 어눌해 보였다. 궁금해 하는 표정을 인지한 듯, 자신은 오랜 기간 실어증(失語症)으로 고생하고 있다고 하였다. 돌발 사건의 충격으로 쓰러진 뒤 실어증으로 10년 정도 한 마디 말도 할 수 없었다는 것, 병원에서 치료를 받아 점차 차도가 있다는 것, 인사를 나누던 2010년에는 어느 정도 대화를 할 수 있게 되었다고 하였다.

이 실어증을 극복하기 위하여 절실하게 노력하고 있다는 점을 재차 강조하였다. 첫째로 우리말 감각을 살리기 위하여 문학창작 공부에 나섰다고 한다. 그 다음으로 음악연습실을 찾아 노래를 부르면서 언어 감각을 익히고 있다고 밝혔다. 이후 많은 대화를 나누었고, 그가 겪은 아픔의 정도를 어느 정도 수용하기에 이르렀다.

가시 회초리가
몸을 친다.
그래서일까,
눈물빛으로 호소한다.
지금은
불꽃놀이에
몸살을 앓는 중이다.
아, 아프다.

—「열병」 일부

이 작품은 〈새싹에도/ 밤새 거미줄을 쳤다.〉로 시작된다. 이어 〈기지개도 켜지 못한 채/ 안절부절〉하지 못하는 내면을 그린다. 이때의 상태는 〈잠을 자는지/ 꿈을 꾸는지/ 깨어 있는지/ 몽롱한 정신〉이라고 한다. '가시 회초리'는 구체적 사물이 아니라, 정신적 고통을 주는 상태일 것이고, 이러한 상태에서 벗어나기 위하여 그는 문학 창작에 매진하게 된다.

문학창작에 대한 교유(交遊)가 3년에 이르렀을 때 그가 시집 원고를 가지고 왔다. 10여 년 습작한 작품으로 시집을 발간하고 싶다는 의사를 밝혔다. 아직은 자신의 언어 감각이 덜 살아났기 때문에 여러 면에서 부족할 것이라고 하면서, 시집을 발간할 수준이 된다면, 작품 해설을 부탁드린다는 거였다.

10여 년에 걸쳐 창작한 작품을 읽으면서, 김 시인의 문학적 열정을 확인하게 되었다. 성실한 독자로서 가슴에 울리는 감동을 찾아 간략하게 정리하기로 한다.

2.

김화자 시인은 언어 장애를 겪은 후 현실 적응이 힘들었다고 한다. 한 때는 살아가야 할 삶의 의미를 잃었지만, 자녀들의 눈빛에 힘입어 강인하게 살기로 작정한다. 그리하여 자존(自存) 의식이 점차 자존(自尊) 의식으로 전환하기에 이른다. 그 과정은 말로 표현할 수 없을 만큼 큰 시련을 안겨 주었지만, 그는 10년 가까이 최선을 다하여 난관을 극복하는 과정을 거친다.

자신의 머리에서 자연스럽게 떠오르는 언어도 입안에서 웅웅 소리만 내기 때문에 괴로운 나날이 지속된다. 평상시 자주 사용하던 말인데도, 머리에서 뱅뱅 돌면서 언어화되지 않는 고통을 감내해야만 한다. 그렇지만 언어를 되찾는 것만이 당면의 목표였고, 이를 위해 문학 창작과 노래방 가창 연습을 게을리하지 않는다. 그리하여 그가 지은 시는 대부분 단형의 특성을 띠었고, 추억이 중심을 이룬다.

아버지 벼 베시던 날
메뚜기 잡으며
뛰어 놀았다.

들녘은 그때도
황금빛으로
저렇게 물들었었는데

늙은 밤나무
한 그루만 둥그렇게

저만큼 서 있다.

조그마하던 아기나무가
이제 나처럼
주름이 깊다.

팔 벌려 안아본다.
두 가슴에
반가운 맥박이 뛴다.

—「아기 나무가 어느 사이」 전문

김화자 시인의 「아기 나무가 어느 사이」는 떠났던 고향에 돌아와서 만난 밤나무를 통하여, 세월의 흐름과 삶의 무상을 융합적으로 그려내고 있다. 전체 5연 중 과거 회상은 1연이고, 나머지 2~5연은 자신의 나이와 함께 흐른 세월을 확인하는 과정이다.

1연은 과거 회상이다. 〈아버지 벼 베시던 날/ 메뚜기 잡으며/ 뛰어 놀았다.〉는 진술은 그의 내면에 남아 있는 절실한 서정에 바탕한다. 회상 시점과 현실의 서정적 거리는 60년쯤 되는 것 같다. 초등학교 시절의 추억일 터이매, 고희(古稀)를 넘긴 시인에게 추억은 오래된 그림으로 남아 생각할수록 절실해지는 서정의 매체(媒體)로 가능한다. 아버지를 비롯한 마을 어른들이 벼를 베는 논에서 어린이들은 메뚜기를 잡는다. 웃으며 뛰며 행복하게 시간을 보내는 정경은 아름답고 행복해 보인다. 그 순간이 시인의 가슴에 뚜렷하게 남아 창작의 불씨로 작용한다.

2연~5연은 현실이다. 고향을 찾은 시점은 늦은 가을의 저녁 무렵이다. 2연의 〈들녘은 그때도/ 황금빛〉으로 아름답게 물들었다고 회상한다. 그 아름다운 노을 아래 3연에서처럼 〈늙은 밤나무/ 한 그루〉가 둥그렇게 서 있다. 시인이 소녀였을 때, 그 밤나무는 〈조그마하던 아기나무〉였을 터이지만, 이제는 나이가 든 자신처럼 나무 둥치의 껍질에 굵은 주름(골)이 나 있다.

이와 같은 동질성에 의하여 시인은 물아일체(物我一體)의 경지에 든다. 5연에서처럼 그 늙은 밤나무를 〈팔 벌려〉 안는다. 시인의 생각보다 더 굵어졌을 밤나무 둥치여서 양 손끝이 닿지는 못하지만, 나무를 안고 있는 시인과 나무는 하나가 된다. 〈두 가슴에/ 반가운 맥박이 뛴다.〉는 표현은 그야말로 절창하다. 이처럼 고향을 찾은 시인, 그리고 고향에서 만난 자신 또래의 밤나무, 그 서정적 매체를 통하여 시인은 새롭게 뛰는 가슴을 되찾는다. 이러한 서정은 어머니로 이어져 새로운 감동을 생성한다.

밤꽃이 피면
어머니를 생각하면서
둑길을 걷는다.

옛날 그 추억을
실타래처럼 풀어내며
그리움을 만난다.

세월 거슬러
집배원도 모르는 주소가
어디쯤일까 가늠한다.

—「어머니 1」 전문

어려서 여읜 어머니를 그리워하는 요소 중에 밤꽃도 중요한 모티브다. 밤꽃이 필 때 어머니 손을 잡고 둑길을 걸었을까, 그는 둑길을 걸으면서 어머니를 회상한다. 추억을 실타래처럼 풀어내며 어머니에 대한 그리움을 되새긴다. 많은 독자들이 이와 같은 형상화에 감동하겠지만, 3연은 그야말로 절실하다. 어머니가 돌아가신 이후 많은 세월이 흘렀을 터이고, 세월이 흐르면 흐를수록 어머니에 대한 그리움이 절실한데, 어머니가 계신 곳을 그는 알 수가 없다. 어머니가 계시는 곳, 〈집배원도 모르는 주소〉를 생각하는 시인의 애절한 그리움이 작품에 투영된다.

또한 그는 어머니가 「우물가에서」 〈두레박〉으로 사랑을 퍼올린다고 하며, 〈이슬을 밟고/ 일상처럼 다녀가시는 어머니〉를 간절하게 그리워한다. 이는 「아버지 2」에서 보이는 정서와는 완연하게 다르다. 어릴 적 〈아버지 진지 상에는/ 굴비 한 마리가 앉아〉 있었지만, 〈처마 아래 매달은/ 굴비 두름/ 눈으로만/ 밥 한 그릇을 후딱 비웠다.〉라고 객체화된 아버지상과 대조적이다.

3.

김화자 시인은 부친의 사업성공으로 넉넉하게 살았다고 회상한다. 간혹 사업이 잘 되지 않을 때는 남매들이 지독한 고생을 하였다고 한다. 운명적이었을까, 그 생활 패턴은 결혼 후로도 이어진다. 남편이 사업가였기 때문에 대체적으로 넉넉한 편이었지만, 때로는 생각하기도 싫은 고통을 받기도 한다. 또한 득정한 충격으로 삶을 포기할 지경이 되었지만, 자녀들과 주위 친지들의 사랑으로 거듭날 수 있었다고 한다.

남들이 부러워할 정도로 행복한 생활을 하다가, 회사가 부도가 나서 단칸방으로 이사를 하던 때의 서러움은 말로 표현할 수가 없었다고 한다. 그러나 아이들의 눈망울을 마주하면서 용기를 내어 시련을 극복하게 된다. 여섯 식구가 각방을 쓸 정도로 여유가 있던 살림살이를 셋집의 마당에 쌓아두어야 했다. 남편은 잠적하고, 단칸방에서 아이들 넷과 함께 살아낸 세월을 생각하면 아득하였을 터이다. 밥 한 끼도 제대로 먹을 수 없던 때의 심정이 작품에 투영되어 나타난다.

그는 내게 밥 한 톨로
허기를 잊게 하였다.

검은 콩 섞인 고봉 밥그릇이
오랫동안 눈앞에 어른거렸다.

울음이 넘치는 세상에서
홀로 미소 짓게 하였다.

—「밥 한 톨」 전문

이 작품의 '그'는 서술어가 '잊게 하였다'인 것으로 보아 신앙의 주체로 보인다. 그 주체가 분명하지는 않지만, '그'는 밥 한 톨로 연명할 만큼 시인에게 시련을 주신 분이다. 2연은 구체적 상황을 그려놓은 것이다. 세를 사는 집을 들여다 볼 기회가 있었는데, 식

탁에는 고봉으로 퍼 놓은 밥 한 그릇이 있었다고 한다. 그 밥에 파리가 까맣게 달라붙어 먹고 있는 모습을 보면서 '저 밥 한 그릇만 있어도 우리 다섯 식구가 허기를 지울 텐데.'라는 생각에 눈물을 흘렸던 것 같다. 단칸방으로 돌아왔을 때도 파리가 먹고 있던 밥그릇이 눈에 어른거려 작품으로 빚는다. 시인은 요즘도 가끔 그 밥그릇이 떠오른다고 회상한다.

3연은 1연과 동질적이다. 자신들은 '울음이 넘치는 세상'에 살면서도 절망하지 않는다. 가족들이 서로 격려하며 자존(自尊)을 지킬 수 있었는데, 이러한 상황도 신앙의 주체인 '그'의 섭리로 수용한다. 그러나 이는 예진(豫震)에 불과하였다. 본격적인 지진이 발생하자 그는 정신을 잃은 채 쓰러졌고, 10여 년 동안 실어증(失語症)에 시달리며 극복과정을 겪는다.

나는 허수아비다.
벼락 천둥을 이기고
캄캄한 밤도 이겼다.

세차게 몰아치는 비바람에도
반갑게 흔들리며
눈을 치뜨고 살았다.

—「허수아비」 전문

일상에서 만나는 허수아비를 노래한 것으로도 보이나 그의 내면에 있는 절망과 슬픔, 미움과 분노를 삭이고 도달한 수준 높은 작품이다.

〈나는 허수아비다.〉에서 '허수아비'의 원관념이 자신이라는 것은 분명하다. 그는 오랫동안 가족을 위해 헌신하였기 때문에, 이와 관련한 충격은 자신의 생(生)을 부정할 정도였다. 그러나 그는 '벼락'과 '천둥'을 이기고, 터널처럼 캄캄한 밤도 지나게 된다. 언어구사가 부자유스러워서 간결하게 승화시켰지만, 이 작품 속에서는 슬퍼도 겉으로 슬픔을 표현하지 않는 애이불비(哀而不悲)의 정서가 오롯하다.

자녀를 위해 자신의 분노를 접어두는 데에 이르자, 그는 세차게 몰아치는 비바람에도 자신을 맡길 수 있게 된다. 미워할 대상은 여전히 미운 채로 있겠지만, 오히려 흔들리는 것을 반갑게 여길 정도로 성숙하게 된다. 그러나, 이는 모든 것이 자연스럽게 잊혀진 것이 아니라, 눈을 치뜨고 치열하게 잊어왔음이 확연하다. 6행의 간결한 작품이지만, 비유와 상징으로 인하여 김화자 시인의 절실한 정서를 환기하기에 부족함이 없다.

4.

김화자 시인의 작품 중에서 두드러진 제재(題材)가 여정(旅程)이다. 그는 여정의 특성을 밝히거나, 그 제재에 자신의 정서를 융합하는 것에 특별한 재능을 보인다. 작품 「동강에 와서」는 그 지역민들이 역점사업으로 가꾸는 할미꽃과 연계되어 있다. 1~3연에서 싱그러운 여름의 풍광을 제시하고, 마지막 연에서 〈강바람이/ 할미꽃 뿌리를 가꾼다.〉고 노래한다. 이는 자연과 인간이 서로 조화를 이루는 것에 가치를 부여한 것에 다름 아니다.

때로는 추억과 어우러진 그리움을 노래하기도 한다. 특히 그가 초중고 학창시절을 보낸 '부산'은 마음의 본향(本鄕)으로 자리하고 있다. 그에게 있어 〈부산은 어머니〉와 같은 존재이다. 부산 사투리만 들어도 구수한 고향이다. 부산을 찾아가 바닷바람을 맞으면 〈어느새 갈매기가 된다.〉고 노래한다.

KBS가 우뚝 선 복변산 자락
48계단을 오르내리면
소꿉친구 웃음소리가 들린다.
"니 참 이쁘데이!"
까까머리 머스마가 서 있는 듯
가슴이 콩닥거린다.
"니 어데 있는데?"
숲을 보며 한마디 건네지만
아는 체하는 나무가 없다.

—「부산에서 2」 전문

시인이 다니던 학교가 복변산 자락에 있었던 것 같다. 그곳은 현재 KBS 방송탑이 높이 솟아 있는 도심지로 변해 있다. 학교가 위치한 그 산자락에는 48계단이 있고, 50여 년의 세월이 지난 후 시인이 다시 그 계단을 오르내리면서 추억에 젖는다. 청순했던 시절에 까까머리 남학생이 "니 참 이쁘데이!"라고 건네던 말이 추억 속에서 살아난다. 그 추억만으로도 시인의 가슴이 두근거린다. 그 학생을 생각하면서 시인은 "니 어데 있는데?" 소리치게 된다. 이 작품의 백미(白眉)는 대화체를 통하여 내면의 진실을 간결하고 완곡하게 표현한 것이다. 또한 〈숲을 보며 한마디 건네지만/ 아는 체하는 나무가 없다.〉고 한 형상화도 그러하다. 마음으로 그에게 묻지만, 그것은 현실로 되돌릴 수 없는 추억의 일부일 뿐이다.

「부산에서 4」에서도 유사한 형상화가 보인다. 시인이 해운대를 찾아 한 움큼 모래알을 집는다. 해변을 거닐던 추억이 되살아난다. 친구들은 모두 떠났지만 〈바닷가 모래알에서/ 친구들의 수다소리가 들린다.〉 그리운 사람들을 떠올리며 해변의 모래를 만지다 보니 그들의 따스한 체온이 살아나서일까 그 모래가 따뜻하다. 그러나 김화자 시인이 빚어내는 기행시(紀行詩)의 중심은 불교와 닿아 있는 서정이다.

늦가을 떠났다.
바람을 일으키며
무작정 수덕사로 갔다.

찬바람이
몸을 휘감아 도는데
비구니 한 분을
인연처럼 만났다.

극락은 어디이고
지옥은 어디인가
마음으로 물었다.

고목 가지 사이를

스쳐가는 바람결이
'일체유심조'
속삭이고 있었다.

—「수덕사에서」 전문

내면의 갈등이 심할 때, 혹여 조금이라도 가라앉힐 수 있을까 싶어서 수덕사를 찾은 것 같다. 늦가을에 찾은 수덕사에서 비구니 한 분을 만나 자신의 고뇌를 속시원히 풀어내고 해답을 들으려고 하였지만 접어야 했다. 실어증으로 인하여, 일목요연하게 말을 하기도 어렵고, 또 그렇게 한다고 특별한 해답을 얻을 것 같다는 확신도 없었기 때문이다.

그러나 이 나들이를 통하여 그는 〈극락은 어디이고/ 지옥은 어디인가〉 자문하고 묵상(黙想)하는 가운데 스스로 해답을 얻는다. 고목 가지 사이를 스쳐가는 바람결이 그에게 건넨 말은 〈일체유심조(一切唯心造)〉였다. 내 마음이 극락이라고 하면 이 세상이 극락이고, 내 마음이 지옥이라고 하면 이 세상이 지옥이라는 돈오(頓悟)의 경지에 다름 아니다. '돈오'라는 것은 어떤 계기에 의하여 갑작스럽게 깨닫는 경지를 말하는데, 그는 수덕사에서 이러한 경지에 이른 것 같다. 이와 같은 깨달음으로 그는 자신을 괴롭게 한 사람까지 용서할 수 있었을 터였다.

이와 같은 형상화를 보이는 다른 작품에서도 그는 절을 찾아 마음의 평화를 구한다. 「갑사에서」를 보면 〈산그늘이 깊다./ 가만히 있어도/ 도(道)에 드는 듯싶다.〉고 돈오의 경지를 노래한다.

그래서 〈눈을 감아도/ 맑은 세상이 보인다.〉는 깨달음으로 세상을 살아간다.

5.

김화자 시인은 1941년에 충청북도에서 출생하고, 부산에 정착하여 성장한다. 8세에 모친을 여의었지만 슬퍼할 사이도 없이 가족을 돌보아야 했다. 건축업을 하는 부친이 공사 현장에서 숙식하였기 때문에, 집에는 어린 자매들만이 생활하였고, 그가 동생들을 돌보아야 했다.

부산대학교 국어국문학과 재학 중에 결혼하여 대전에서 보낸 세월이 50년이다. 그런 연유에서 대전과 관련한 작품을 여러 편 선보이는데, 모두 애정 어린 시심이 담겨 있다.

> 풀어헤친 그대의 머리가
> 내 가슴에 별을 심는다.
> 다시 만날 날을 기약하던 그대는
> 아득히 먼 추억 속에서
> 봄바람으로 나를 찾아 왔는가?
>
> —「유등천 단상 2」 전문

대전에는 동구와 중구 사이의 대전천(大田川), 중구와 서구 사이의 유등천(柳等川), 서구와 유성구 사이의 갑천(甲川), 이들이 하나로 모이는 삼천(三川)이 있다. 그 중에서 유등천은 많은 버드

나무가 자생하여 유천(柳川)이라고도 하고, 한글 이름으로 '버드내'라고도 부른다. 봄이 되면, 파랗게 눈뜬 버들가지를 휘휘 늘어뜨린 채 흔들리는 능수버들의 모습이 절경(絶景)이다. 그 유등천을 오가며 시인은 아름다운 서정을 가꾼다.

또한 시인은 「내원사 계곡」에서 〈맑은 샘에 가라앉았던/ 둥둥둥 종소리〉를 찾아내기도 하고, 「엑스포 야경」에서 정답게 인사를 나누는 이웃을 사랑한다. 또한 그는 〈대전역 대합실 의자처럼/ 누군가 다가와서/ 잠시 쉬어갈 수 있는/ 시〉를 짓고 싶다고 고백한다. 그리고 〈모두 녹색 물〉이 들 정도로 아름다운 숲의 도시 「대전에서」 사는 것이 행복하다고 노래한다.

이런 마음으로 지은 그의 시를 읽다보면, 독자들도 그의 진심어린 내면과 만나 새로운 감동을 공유(共有)하게 된다. 앞으로도 그는 맑은 서정으로 독특한 감동을 생성(生成)하는데 최선을 다할 것 같다. 이런 믿음으로 김화자 시인의 첫 시집 『꽃잎 편지』 작품 기행(紀行)을 맺는다.

■ 저자후기

저는 1941년에 충청북도에서 출생하였습니다. 6.25전쟁 때 부산으로 가서 자랐습니다. 부산대학교 국어국문학과 학생일 때, 대전의 이모님 댁을 찾았습니다. 어머니께서 여덟 살 때 돌아가셨기 때문에, 이모님은 어머님과 똑같은 분이셨습니다.

그해에 대전에서 남편과 만나 결혼을 하고, 50년이 넘도록 대전에서 살고 있습니다. 아이들 넷을 기르면서 힘든 시기도 있었지만, 내가 아이들에게 해준 것보다 더 잘 자라서 행복하였습니다. 지금도 아이들은 내가 살아가는 목적이며 이유입니다.

남편의 사업은 변덕을 부렸습니다. 잘 되는 듯하다가, 폭삭 망하여 오가지도 못할 처지가 되기도 하였습니다. 누구나 부러워하는 집에서 살다가, 단칸방에서 아이들 넷과 함께 끼니를 거르기도 하였습니다. 삼한사온으로 마음이 편할 날이 없었습니다.

지천명(知天命)에 이르러 형언할 수 없는 충격을 받았습니다. 아뜩 쓰러져서 8년 가까이 실어증(失語症)에 시달렸습니다. 오랜 기간이었지만 아이들이 있어 살아내기로 하였습니다. 입 속에서만 빙빙 돌던 말이 입 밖으로 나올 때쯤, 나(自我)를 찾고 싶은

충동이 일었습니다. 이순(耳順)에 이르러 문학 창작의 길에 나섰고, 고희(古稀)에 등단하였습니다.

10년 가까이 습작(習作)한 작품을 돌아보며, 부끄러운 생각이 들기도 합니다. 다른 한편, 실어증 환자가 빚은 것이라 생각하면 대견한 생각이 들기도 합니다. 부족한 글이지만, 정처 없이 떠도는 내 작품들에게 집을 지어주고 싶은 생각이 들었습니다.

첫 시집을 발간하면서, 충남대학교 평생교육원에서 가르쳐 주신 최원규 선생님, 대전문예대학에서 가르쳐주신 조남익 김영수 선생님, 부족한 작품에 해설을 집필하신 리헌석 선생님께 감사드립니다.

이 시집이, 힘들게 살아가는 사람들에게 작은 위안이 되기를 소망합니다.

꽃잎 편지

김화자 시집

발 행 일 | 2015년 2월 7일
지 은 이 | 김화자
발 행 인 | 李憲錫
발 행 처 | 오늘의문학사
출판등록 | 제55호(1993년 6월 23일)
주 소 | 대전 동구 삼성1동 125-6 한밭오피스텔 401호
전화번호 | (042)624-2980
팩시밀리 | (042)628-2983
홈페이지 | http://www.lito77.co.kr(홈페이지)
전자우편 | hs2980@hanmail.net

공 급 처 | 한국출판협동조합
주문전화 | (070)7119-1741~2
팩시밀리 | (031)944-8234~6

ISBN 978-89-5669-661-4
값 12,000원